AF345405

LOS ÁRBOLES

ALAIN RIVIÈRE

LOS ÁRBOLES

EXLIBRIC

ANTEQUERA 2022

LOS ÁRBOLES
© Alain Rivière
Diseño de portada: Dpto. de Diseño Gráfico Exlibric

Iª edición

© ExLibric, 2022.

Editado por: ExLibric
c/ Cueva de Viera, 2, Local 3
Centro Negocios CADI
29200 Antequera (Málaga)
Teléfono: 952 70 60 04
Fax: 952 84 55 03
Correo electrónico: exlibric@exlibric.com
Internet: www.exlibric.com

ISBN: 978-84-19520-21-0
Depósito Legal: MA 1564-2022

Nota de la editorial: ExLibric pertenece a Innovación y Cualificación S. L.

ALAIN RIVIÈRE

LOS ÁRBOLES

A Eva

Agradecimientos

Alain Rivière da la gracias a Montse G. Virgili por su gran ayuda con la versión española.

Árboles parlantes e imágenes parlantes

Sobre las fotografías de Alain Rivière

Holger Brülls

A primera vista, las fotografías de árboles de Alain Rivière podrían confundirse con cuadros de paisajes fotográficos y escenas forestales neorrománticas. Sin embargo, en una segunda mirada ya no se ve el bosque por los árboles, ya que son conjuntos de individuos antropomórficos, cuadros de grupo y retratos vegetales en los que las figuras se unen para formar escenas. Hay unas cuantas figuras extrañas, altas y bajas, fuertes y larguiruchas, calvas y que ya no son las más jóvenes, de pie y perdidas en el frío.

Susurran entre ellos o permanecen en silencio. Uno parece que se ha hartado de todo y ahora quiere meterse en el agua; otro se lanza hacia un enorme y temible ídolo. Algunas escenas parecen tranquilas y demasiado devocionales, otras tienden a lo cómico, incluso a lo grotesco. Especialmente los árboles que están allí en un aislamiento expresivo tienen esta expresión —y ya estamos en lo extraño—.

Todo esto tiene lugar en el exterior, en la naturaleza. La reunión y también la vista de una orilla brumosa más allá se convierte en un drama transitorio en la sinopsis de los cuadros individuales. En el primer contacto con la imagen, ésta es sólo una proyección del espectador antes de convertirse en lector. Entonces, los árboles empiezan a hablar en las imágenes y desde las imágenes, incluso antes de que aparezcan los textos, y en éstos los árboles realmente hablan.

Las fotografías reunidas aquí en una serie fueron tomadas a finales de 2021 en el este de Berlín, al este del parque Treptower.

La expresión visual de las fotografías se basa en el efecto de silueta gestual de los árboles esqueléticamente desnudos y el efecto de cuerpo antropomórfico de la hiedra que se adhiere a ellos. Para el carácter fotográfico de las fotografías es esencial el dramatismo de la luz transmitida intermitente y el contraluz, que confiere a las figuras individuales y a los grupos su memorabilidad gestual. La fotografía en blanco y negro corresponde a esta estrategia pictórica a través de la distancia, la estilización y la alienación. La abstracción salva al espectador de la dicha sentimental de la naturaleza y también de refugiarse inmediatamente en el carácter simbólico e iconográfico del tema «árbol».

Las figuras encontradas y fijadas fotográficamente por Alain Rivière en este escenario del bosque son actores de un diálogo, de un drama. Por supuesto, lo que vemos aquí no son árboles que hablan, sino imágenes que hablan. Y son las imágenes las que producen el discurso poético, los poemas que se ponen en las bocas inexistentes de los árboles en un truco de cuento. Los poemas, austeros en su forma exterior pero prosaicamente relajados y a veces desenfadados en su tono, son elegías y consuelos melancólicos en los que a veces los árboles, a veces la hiedra que los rodea, se encuentran con el tímido observador y sus sentimientos con un empático «nosotros también».

Como «árbol dentro del árbol», la hiedra desempeña un papel de imagen en las fotografías como planta tan parasitaria como romántica. Convierte los esqueletos de los árboles desnudos en cuerpos contorneados con siluetas. La hiedra confiere a los árboles esa inestable corporeidad atravesada por manchas de luz de la que las fotografías adquieren su asombrosa figuración antropomórfica, y sólo a partir de este descubrimiento los árboles se vuelven capaces de hablar.

Al mismo tiempo, la planta perenne pone en juego los temas de la mortalidad y la muerte, la resurrección y la eternidad. En este contexto, la planta que anida en el tronco y las ramas es también un símbolo tradicional de amistad y lealtad y, en vista de su forma de existencia parasitaria y asfixiante, muy ambivalente.

Pero, ¿quién sabe qué es lo que, aparte del viento, mueve los árboles? Aquí, en todo caso, no son descerebrados, sino capaces de hablar. Ofrecen todo tipo de reflexiones profundas, sensibilidades precarias, temas filosóficos confiados y confidencias, incluso ingenuas sabidurías y frutos burgueses de la educación. Hay en ello una cierta comicidad melancólica que caracteriza tanto a los textos como a las imágenes, incluso algo conmovedor. Esta es una cualidad de expresión que las obras de arte modernas casi nunca tienen y se atreven a tener.

Primero fueron las fotos, luego vinieron los textos. Sin embargo, los poemas y las imágenes no se sirven mutuamente como ilustraciones. También pueden existir solos y solas, totalmente «para sí mismos». Pero interactúan y se convierten en un pequeño drama lírico que se desarrolla en el frío y al aire libre. El pequeño libro de textos e imágenes es, por tanto, un doble —o incluso un triple—: un poema de imágenes y uno de textos, y uno en el que ambos se entrelazan inseparablemente, es decir, un poema interactivo para leer y mirar. El conjunto es un ensayo perambulatorio, un bosquecillo poético en el que uno puede deambular y perderse.

comme toi nous sommes dans le ciel
depuis que nous avons vu le jour
me dit un petit arbre un soir d'hiver
comme toi nous errons sur la terre

como tú estamos en el cielo
desde que hemos visto la luz
me dice un arbolito una tarde de invierno
como tú vagamos por la tierra

un lierre épais me regarde un matin
dans le silence de la forêt
je reste immobile devant lui
j'ai peur de faire un faux pas

una gruesa hiedra me mira una mañana
en el silencio del bosque
me quedo inmóvil ante ella
tengo miedo de dar un paso en falso

la sève n'est pas du sang relève un arbre
qui a perdu des branches dans une tempête
nous n'avons pas besoin de nous faire peur
et de nous tuer partout sur la terre

la savia no es sangre me revela un árbol
que ha perdido ramas en una tormenta
no necesitamos asustarnos unos a otros
y matarnos por toda la tierra

sans le lierre que ferions-nous
me demandent de grands arbres
nous serions comme des danseuses
perdues à jamais sur des étendues

¿sin la hiedra qué haríamos?
me preguntan los grandes árboles
seríamos como bailarinas
perdidas para siempre en las llanuras

vois-tu se confie un arbre dans le froid
je regrette de ne pas être né à Haïti
j'aurais tant voulu jouer avec les arbres musiciens
dont parle Jacques Stephen Alexis

verás, me cuenta un árbol en el frío
lamento no haber nacido en Haití
me hubiera gustado tanto tocar con los árboles musicales
de los que habla Jacques Stephen Alexis

il faut avant tout se tenir droit
me rappellent des arbres dans un champ
mais qui y réussit aujourd'hui
peut-être seulement quelques fous

ante todo debemos estar derechos
me recuerdan árboles en un campo
¿pero quién tiene éxito hoy en día?
tal vez sólo unos pocos tontos

bouche énorme d'un lierre qui hurle
de toutes ses forces vers le ciel
c'est plus qu'une colère ou une rage
c'est une douleur sans nom

enorme boca de una hiedra que grita
con toda su fuerza hacia el cielo
es mucho más que ira o rabia
es un dolor sin nombre

promenade loin dans la forêt
l'air est humide et le ciel blanc
les arbres me bousculent me poussent
m'obligent à sortir de mes gongs

un paseo muy lejos en el bosque
el aire es húmedo y el cielo blanco
los árboles me empujan me molestan
me fuerzan a sacarlo mi cabeza

nous aussi nous aimons être mangés
plaisante du lierre entre plusieurs arbres
regarde tous ces insectes qui nous dévorent
et comme toi ils ne laisseront rien

a nosotros también nos gusta que nos coman
dice una hiedra bromeandro entre los árboles
mira todos los insectos que nos devoran
y como tú no dejarán nada

tu demandes ce que nous faisons là
me répond un arbre avec tristesse
nous ne le savons pas malgré les années
nous aussi nous luttons sans cesse

te preguntas que estamos haciendo aquí
me responde un árbol con tristeza
no lo sabemos a pesar de los años
nosotros también luchamos siempre

je vois un matin des lierres amoureux
dans l'air glacé et gris d'une forêt
c'est un peu une leçon d'amour
je me retire sans bruit sur le chemin

una mañana veo hiedras enamoradas
en el aire gélido y gris de un bosque es
un poco una lección de amor
me retiro en silencio por el camino

nous protégeons la sève
me murmure un arbre dans la nuit
toute notre vie est pour la sève
il n'y a rien d'autre

nosotros protegemos la savia
me susurra un árbol en la noche
toda nuestra vida es para la savia
no hay nada más

insouciance du lierre sur les troncs
il va où il veut il s'amuse
mais il aime les grandes croix
et les monstres tout autour

hiedra despreocupada en los troncos
va donde quiere, se divierte
pero le gustan los grandes cruces
y los monstruos alrededor

43

reste avec nous me proposent des arbres
mets-toi n'importe où ne bouge pas
laisse les branches les feuilles pousser
non en effet ce n'est pas facile

quédate con nosotros sugieron los árboles
párate en cualquier lugar, no te muevas
deja que las ramas y las hojas crezcan
no, lo percibes qué no es fácil

45

à nous aussi les racines font peur
s'emportent un matin de vieux arbres
personne ne peut les retenir
peut-être est-ce seulement folie

nosotros también tenemos miedo de las raíces
se enojan una mañana viejos árboles
nadie en verdad puede retenerlas
tal vez sea sólo una locura

le chant du destin est aussi pour nous
racontent des arbres un soir de brume
dès que nous avons un peu de repos
nous lisons Hölderlin et nous écoutons Brahms

la canción del destino es también para nosotros
relatan los árboles en una tarde de niebla
quando tengamos un poco de descanso
leemos a Hölderlin y escuchamos a Brahms

49

nous avons le temps me disent des arbres
pourquoi tu t'agites sans arrêt
pourquoi tu vois partout des ennemis
et pourquoi tu pries du matin au soir

tenemos tiempo me dicen los árboles
¿por qué te agitas tanto?
¿por qué ves enemigos por todas partes?
¿y por qué rezas de la mañana a la noche?

nous sommes les derniers égarés
les derniers sauvages s'épanche un lierre
n'essaie pas de nous suivre
ce serait peine perdue

nosotros somos los últimos perdidos
los últimos salvajes me confia una hiedra
no intentes seguirnos
sería una pérdida de tiempo

ne t'inquiète pas me dit un arbre
les feuilles reviendront
elles seront encore une fois l'infini
et vite elles t'enlèveront

no te preocupes me dice un árbol
las hojas volverán a aparecer
volverán a ser una vez más el infinito
y rápidamente te raptarán

branches si hautes de grands arbres
je n'arrive pas à les regarder
je ne peux pas laisser mes yeux sur elles
qui sait ce qu'elles vivent

ramas tan altas de los grandes árboles
no consigo verlas
no puedo mantener mis ojos en ellas
quien sabe por lo que están pasando

57

nous sommes tous des arbres de Jessé
me dit un arbre près du fleuve
mais nous voulons surtout des poèmes
que nous donnons au premier venu

todos somos árboles de Jesé
me dice un árbol junto al río
pero sobre todo queremos poemas
que damos al primero que llega

Sobre el autor

Alain Rivière es escritor y artista. Nació en París, donde estudió. Vive en Venecia y Berlín. Sus libros de poesía, como *Huellas de la sombra, El rostro en llamas* o *Perros enamorados,* han sido traducidos al alemán, italiano, portugués, húngaro, inglés, rumano y chino. Su obra para el teatro *El actor* se ha representado en Alemania y Francia. Sus obras pictóricas (pinturas y fotografías) también se han expuesto en varios países.

www.ingramcontent.com/pod-product-compliance
Lightning Source LLC
LaVergne TN
LVHW041237200726
843507LV00013B/2717